Birgit Utermarck · Frühling, Sommer, Herbst und Winter

BIRGIT UTERMARCK

FRÜHLING, SOMMER, HERBST UND WINTER

FENSTERBILDER NEU & ORIGINELL

MIT VORLAGEN IN ORIGINALGRÖSSE

Christophorus Verlag · Freiburg

Inhalt

Fensterbilder aus Papier und textilen Materialien

Seit vielen Jahren sind Fensterbilder aus Papier ein reizvolles Mittel der Raumgestaltung. Dabei scheinen die Gestaltungsmöglichkeiten fast unerschöpflich zu sein. Neben den scherenschnittartigen Motiven gilt dies vor allem für die aus mehreren Einzelformen geklebten Papierbilder.

Bei dieser Technik lassen sich nun außer dem vielseitigen Werkstoff Papier noch andere Materialien einsetzen, die den Fensterbildern eine neue, besondere Attraktivität verleihen.

Fensterbilder, mit so unterschiedlichen Werkstoffen wie Leinen- und Baumwollfäden, bunten Stoffteilen, Leder, Knöpfen, Heu und Borsten ausgeschmückt, erzielen eine sehr lebendige, von dem Charakter des jeweiligen Materials bestimmte Wirkung.

Das vorliegende Buch zeigt eine große Anzahl von Motiven, bei denen Papierbilder mit solchen Materialien kombiniert wurden. Hier bestehen Krawatten, Tücher und Fliegen nicht aus Papier, sondern aus Stoff. An ledernen Hosenträgern sitzen echte Knöpfe, lange Leinen- und Baumwollfäden bilden die wilde Mähne

eines Schaukelpferdes und ein Wagen ist beladen mit trockenem Heu.

Die Themen der Fensterbilder folgen dem jahreszeitlichen Ablauf und stellen darüber hinaus Motive für die schönsten traditionellen Feste vor – Weihnachten und Ostern.

Es sind Bilder von unterschiedlichem Schwierigkeitsgrad. Manche bestehen nur aus wenigen einfachen Einzelformen und können daher auch von Kindern gut gearbeitet werden. Andere Motive haben einen komplizierteren Aufbau, der etwas mehr Erfahrung und Geschick voraussetzt.

Alle Bildmotive sind als Anregung gedacht und lassen sich leicht nach eigenen Ideen oder Vorstellungen abwandeln. Schon eine veränderte Farbgebung, eine andere Anzahl oder Anordnung von Einzelformen kann dem Bild eine neue, individuelle Wirkung verleihen.

Eine ganz besondere Variante, die Motive der Fensterbilder in einer anderen Form einzusetzen, sind die Grußkarten, die in ihrer Zusammenstellung ebenfalls den vier Jahreszeiten zugeordnet

wurden. Hier dienen Einzelmotive der Fensterbilder in verkleinerter und vereinfachter Form als Kartenschmuck oder auch als Geschenkanhänger. Für solche Verkleinerungen sind Fotokopierer sehr hilfreich. Die Motive können anschließend, der neuen Größe entsprechend, einfacher gestaltet werden.

Die Beispiele im Buch stellen nur eine kleine Auswahl dar. Mit anderen Figuren, Pflanzen- oder Häusermotiven lassen sich nach eigenen Ideen ähnliche phantasievolle Grußkarten und Fensterbilder gestalten.

Material

Zur Technik

Das Papier

Das Grundmaterial für alle Fensterbilder sind *Tonkarton* und *Tonpapier*. Beide unterscheiden sich durch ihre Stärke, die in Gewicht pro Quadratmeter angegeben wird. Tonpapier wiegt zwischen 90 –160 g/qm, von Tonkarton spricht man ab 250 g/qm.
Wegen seiner höheren Festigkeit ist der Tonkarton für alle Rahmenkonstruktionen und tragenden Teile geeignet. Kleinere dekorative Formen lassen sich gut aus Tonpapier herstellen.
Tonpapier und Tonkarton sind Materialien, die durchgefärbt, aber dennoch nur begrenzt lichtbeständig sind.
Eine größere Farbstabilität hat speziell eingefärbtes *Tonzeichenpapier*, z.B. *Canson*. Es wiegt ca. 160 g/qm, ist damit fester als Tonpapier und kann ersatzweise zu diesem oder zu Tonkarton verwendet werden. Die körnig geprägte Oberfläche und viele schöne Farben machen das Material zusätzlich interessant.
Für besondere Effekte werden *Seiden- und Transparentpapier* in verschiedenen Farben eingesetzt sowie *Goldfolie*, ein beidseitig mit Metallfolie kaschiertes Material.

Die textilen Materialien

Eine Besonderheit dieses Buches sind die zusätzlich verwendeten Werkstoffe, die textilen Materialien. Es eignen sich *dichtgewebte, leichte Baumwollstoffe*, die möglichst kleingemustert sein sollten. Für Tücher können gedruckte Muster gewählt werden, für Krawatten besser gewebte Streifen oder Karos. In einigen Fällen, z.B. bei Schals, läßt sich *einfarbiger Baumwolltrikot* (z.B. alte T-Shirts) gut verwenden.
Zur weiteren Ausstattung gehören *verschiedene Garne, dünne Stickgarnfäden* aus *Baumwolle* oder *Leinen*, *Topflappengarn* und *dünner Bindfaden*. Wenn *Leder* verwendet wird, handelt es sich immer um dünne Qualitäten, die für eine Kombination mit Papier geeignet sind.

Das Übertragen der Vorlagen

Auf dem eingelegten Vorlagenbogen befinden sich alle Motive in Originalgröße. Die Vorlagen für die Grußkarten sind im Innenteil des Buchs abgebildet.
Um die Motive vom Vorlagenbogen zu übertragen, gibt es verschiedene Möglichkeiten. Mit *Bleistift* und *Kohle-* bzw. *Schneiderkopierpapier* können die Motive direkt auf den Tonkarton oder das Tonpapier durchgepaust werden. Die dabei entstehenden Linien jedoch anschließend unbedingt mit wegschneiden, da sie sich nicht ausradieren lassen. Alternativ dazu kann *Transparentzeichenpapier* auf die Vorlage gelegt und das Motiv *mit Bleistift* durchgezeichnet werden. Anschließend auf der Rückseite des Transparentpapiers alle Konturen mit einem weichen Bleistift (2B) nachfahren. Das Papier dann mit der Rückseite nach unten auf das jeweilige Werkmaterial legen und die Motivlinien noch einmal mit einem harten Bleistift durchdrücken. Bei diesem Arbeitsgang ist es wichtig, die Papier- und die Kartonlagen mit Klebefilm oder mit Heftklammern so zusammenzuhalten, daß sie gegen Ver-

schieben gesichert sind. Eine weitere Möglichkeit ist die *Übertragung mit Hilfe von Schablonen*. Dabei die Vorlage mit Bleistift und Kohlepapier auf festen Karton zeichnen und sauber ausschneiden. Mit dieser Kartonschablone kann das Motiv beliebig oft vervielfacht und auf eigene Weise neu kombiniert werden. Das Herstellen von Schablonen ist auch für die Gruppenarbeit günstig.

Das Vorbereiten der Stoffteile

Für die Übertragung einzelner Motivteile auf Baumwollstoff eignet sich die Methode mit Transparentzeichenpapier am besten. Das Motiv muß immer auf die Rückseite des Stoffes übertragen werden. Dabei die Vorlage so auf den Stoff legen, daß der auf ihr eingezeichnete Pfeil mit dem Fadenlauf des textilen Werkmaterials übereinstimmt.

Um zu verhindern, daß die Teile beim Anbringen auf das Fensterbild (z.B. beim Knoten oder Binden) ausfransen, kann der Stoff vor dem Ausschneiden mit einem *schnelltrocknenden Holzleim* (z.B. Uhu coll express) vorbehandelt werden. Dazu den Klebstoff auf der Stoffrückseite entlang der Bleistiftlinie *dünn* aufstreichen und damit die spätere Schnittlinie verkleben (s. Zeichnung 1). Nach dem Trocknen die Motivteile mit einer *Stoffschere* ausschneiden. Diese Methode eignet sich jedoch nicht für Trikot.

Das Schneiden

Für sauber ausgeführte Papierarbeiten sind gute Werkzeuge die Voraussetzung.

Dazu gehören *scharfe Scheren* in verschiedenen Größen. Für viele Motive ist ein *Papiermesser (Cutter)* mit auswechselbarer Klinge ideal. Bei langen, geraden Linien am besten ein *Metallineal* verwenden, an dem der Cutter entlanggeführt wird. Um kleinere Rundungen und Innenformen zu schneiden, eignet sich gut ein *Grafikermesser* mit spitzer Klinge.

Für bestimmte Arbeiten sind ein *Bürolocher* und evtl. eine *Lochzange* bzw. ein *Locheisen* nötig. Als *Schneidunterlage* haben sich *feste Pappen* bewährt, die wegen der Einschnitte aber häufig ausgewechselt werden müssen. Sehr hilfreich sind auch *Linolplatten* oder die sogenannte *Schneidewiese (Cutmat)*.

Das Fertigen von Fensterbildern

Da die Fensterbilder später von außen wie von innen attraktiv wirken sollen, müssen die Bilder zweiseitig gearbeitet werden. Der größte Teil der Bildelemente wird also doppelt zugeschnitten. Dies gilt auch für einige Rahmen, die dadurch eine bessere Stabilität erhalten. Dazu die betreffenden Motive aus Doppellagen von Tonpapier oder Canson, gegebenenfalls auch Tonkarton, anferti-

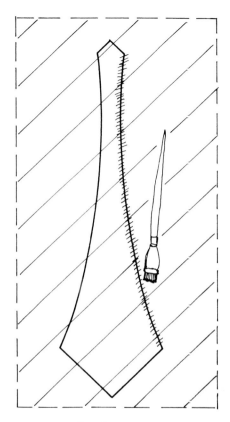

Zeichnung 1

gen. Die Werkstücke dabei mit Heftklammern zusammenhalten, damit sie sich während des Schneidens nicht verschieben. Beim Zusammenfügen der doppelt geschnittenen Teile ist es vorteilhaft, diese umzudrehen, so daß die vorgezeichnete Seite nach innen zeigt und die vom Durchzeichnen stehengebliebenen Bleistiftlinien verdeckt werden.

Das Zusammenfügen der Bildelemente

Als Klebstoffe für die Fensterbilder empfehlen sich *Alleskleber* (z.B. UHU extra) und *flüssiger Klebstoff* (z.B. UHU flinke flasche) für die Papiere, für das Ankleben der Stickgarne und das Vorbereiten und Fixieren der Stoffe *Holzleim* (z.B. UHU coll express).

Vor dem Zusammenfügen alle ausgeschnittenen Einzelteile zunächst einmal an die vorgesehene Stelle legen und die Wirkung des Bildes überprüfen. Dann zuerst die großflächigen Teile mit Klebstoff befestigen und anschließend die kleinen Einzelformen anbringen.

Dabei ist es ratsam, nur wenig Klebstoff zu verwenden und diesen etwas hinter der Schnittkante anzusetzen, so daß beim Andrücken nichts hervorquellen kann und die Ränder plastisch abstehen. Mit einem kleinen Pappstück läßt sich dabei der Klebstoff gleichmäßig verstreichen.

Bei einigen Figuren der hier gezeigten Fensterbilder bestehen die Haare aus Stickgarnfäden, die Krawatten und Tücher aus Stoff. Hier zunächst nur die Grundformen aus Papier wie beschrieben anfertigen (Zeichnung 1). Erst anschließend die Fäden für die Haare in der gewünschten Anzahl und Länge zuschneiden und so am Kopf befestigen, daß die Enden lose herunterhängen und sich bei Bedarf nachschneiden lassen (Zeichnung 2). Die Klebestellen dann mit den angegebenen Bildelementen (z.B. mit Mützen oder Hüten) abdecken. Es ist empfehlenswert, alle Motivteile aus textilem Material wie Tücher, Schals oder Krawatten erst ganz zum Schluß anzubringen (Zeichnung 3).

Zeichnung 1

Zeichnung 2

Zeichnung 3

Die Aufhängung

Mit einer Ausnahme sind alle Fensterbilder mit Markierungen versehen, an denen ein Faden zum Aufhängen eingezogen wird. Soll das Bild an einer Scheibe hängen, so ist es günstig, den Faden nicht direkt am Glas, sondern am Fensterrahmen anzubringen. Da die Papierbilder plastisch gearbeitet sind, benötigen sie einen gewissen Abstand zur Fensterscheibe. Zusätzlich ergibt sich dadurch eine reizvolle Schattenwirkung.

Frühling · Ostern

Raben

Vorlage A

Material
Tonkarton in Hellblau, Hellgrün; Canson in Schwarz, Gelb, Weiß, Rot; dünner naturfarbener Bindfaden; schwarzer Filzstift

Ausführung
Den kreisrunden Rahmen aus hellblauem Tonkarton doppelt ausschneiden. Vor dem Auseinandernehmen beide Teile mit einer Markierung versehen, damit die Ringe anschließend wieder genau aufeinanderpassen. Bevor die beiden Rahmenteile zusammengefügt werden, an den bezeichneten Stellen fünf dünne Bindfäden dazwischen anbringen. Dazu die fünf Fäden mit Überstand auf beiden Seiten zuschneiden, auf einer Seite ankleben und trocknen lassen. Dann jeweils auf die gegenüberliegende Seite spannen und dort ebenfalls befestigen. Anschließend das zweite Ringteil deckungsgleich dagegenkleben (Markierung!) und die überstehenden Fäden abschneiden. Den Telegrafenmasten aus weißem Canson doppelt zuschneiden, ankleben und gleich auf der Rückseite ergänzen. Er gibt den Fäden zusätzlichen Halt.

Alle Einzelteile der Rabenkörper aus Canson doppelt zuschneiden und kennzeichnen, damit sie später untereinander nicht verwechselt werden können. Dann zunächst die Vorderseite fertigen.
Die Vögel mit gelben Schnäbeln und Füßen versehen, weiße Augen und schwarze Pupillen anbringen und die Schnabelmitte mit Filzstift betonen. Jeder Rabe erhält einen Flügel, der nur an der oberen Rundung angeklebt wird und sonst lose bleibt.
Nun die Tiere im Rahmenteil montieren und dabei so befestigen, daß sie nicht nur an den Fäden hängen, sondern noch zusätzlichen Halt bekommen. Die beiden äußeren Vögel jeweils am Rahmen anbringen den linken inneren am Telegrafenmasten, den rechten inneren am Schnabel seines Nachbarn (s. Abb.).
Mit Frühlingsblumen aus rotem Canson und grünem Tonkarton den blauen Ring schmücken und die Bildrückseite deckungsgleich ergänzen.

Baum im Frühling

Vorlage B

Material
Tonkarton in Dunkelbraun, Gras-grün; Canson in Weiß, Beige; Tonpapier in Gelbgrün, Blau-grün, Hellviolett, Dunkelviolett; schwarzer Filzstift

Ausführung
Den Baum aus braunem Tonkar-ton doppelt zuschneiden, das Grasteil aus grünem Tonkarton einfach anfertigen.
Alle Motivteile für die Schafe aus weißem und beigefarbenem Canson und für die Blumen aus grünem Tonkarton und vio-lettem Tonpapier doppelt arbeiten. Dabei an den Schafskörpern mit zwei halbmondförmigen Schnitten kleine Locken ein-ritzen und diese etwas hoch-biegen.

Den Baumstamm auf dem Gras-teil anbringen und die Schafe da-vor gruppieren. Ihre Köpfe nur mit einem Klebepunkt am oberen Ende befestigen, so daß die Oh-ren und die untere Kopfrundung leicht abstehen. Mit schwarzem Filzstift Augenpunkte und Hufe anzeichnen.
Damit die Blumen ebenfalls pla-stisch erscheinen, nur die Blätter ankleben und die Stiele mit den Blüten frei stehenlassen.
Für die Baumkrone 12 große und 21 kleine Blätter aus Tonpapier in zwei unterschiedlichen Grüntö-nen doppelt zuschneiden. Vor dem Auseinandernehmen die Blattpaare jeweils numerieren, damit die Gegenstücke später auf der Rückseite nicht vertauscht werden.
Nun die Blätter auf den Ästen verteilen. Einzelne Blätter dabei mittig falzen, knicken und je-weils nur halbseitig aufkleben, die lose Hälfte hochdrücken.
Die Rückseite des Fensterbildes entsprechend ergänzen.

Clown

Vorlage C

Material

Tonkarton in Mittelgrün, Blau, Hellviolett, Dunkelviolett; Schwarz; Canson in Rot, Weiß, Rosé; Tonpapier in Gelb; dünner karierter Baumwollstoff in Blau, dünner kleingemusterter Baumwollstoff in Rot; gelbes Baumwoll- oder Leinenstickgarn; Wattekugel (Ø 14 mm); dicke Nadel oder Lochzange; schwarzer Filzstift; Klebestift; rote Bastelfarbe

Ausführung

Alle Bildelemente mit Ausnahme von Schirmstock und Schuhen doppelt zuschneiden.
Die weißen Gesichtsteile mit schwarzem Filzstift umranden und auf dem Kopf des Clowns anbringen. Schwarze Augenpunkte und den roten Mund aufkleben, zwei schwarze Striche auf die großen weißen Augenlider zeichnen. (Die Wattekugelnase erst ganz zum Schluß anfügen).
Das weiße Hemdteil oben einschlitzen, die Ecken nach außen umknicken und am Kopfteil an-

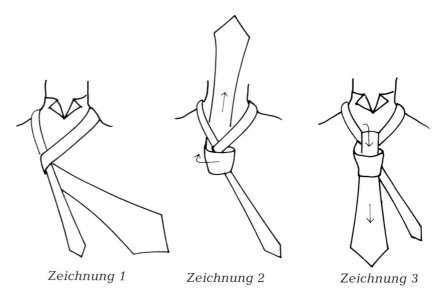

Zeichnung 1   Zeichnung 2   Zeichnung 3

kleben. Die Hose am Saum des Hemdes befestigen.
Bevor die Jacke aus rotem Canson und das Revers angebracht werden, drei Knopflöcher einschneiden. Beide Hälften der Jacke nur im Schulterbereich festkleben, die unteren Jackenteile lose hängen lassen, damit sie sich plastisch abheben. Die Revers und die Ärmelaufschläge aus hell- und dunkelviolettem Tonkarton etwas nach außen biegen und ankleben. Hinter den Ärmeln die Hände so ergänzen, daß die linke Hand später den Schirm halten kann und die rechte sich aufstützt. An dem Jackenknopf aus schwarzem Tonkarton zwei kleine Löcher ausstanzen.
In jeden der schwarzen Schuhe

drei kleine Löcher einschneiden, durch die die Stickgarnschnürsenkel gezogen und mit einer Schleife verknotet werden. Den blauen Schirm mit schwarzen Stäben fertigen, an den schwarzen Schirmstock kleben und dem Clown in die Hand geben.
Nun den Kopf der fertigen Figur mit Haaren aus Stickgarn versehen. Dazu ca. 35 Fäden von 15 cm Länge zuschneiden, über den Kopf legen und daran festkleben (s. Seite 8). Den schwarzen Hut anbringen, der die Klebestellen verdeckt. Das blaue Hutband nur rechts und links außen mit einem Tupfen Klebstoff befestigen. Eine gelbe Blume an den grünen Stil aus Tonkarton kleben und hinter das Hutband stecken.

Den blaukarierten Schlips in zweifacher Ausführung, wie auf Seite 7 beschrieben, anfertigen und zunächst an der Vorderseite um den Hals knoten (s. Zeichnungen 1–3). Bei der Bildrückseite wie folgt vorgehen: Kopf und Hemdteil getrennt fertigen, den Schlips anknoten und dann als gesamtes Teil dagegenkleben. Nun die übrigen Bildteile deckungsgleich ergänzen, die Nase besteht hier nur aus einem Punkt aus rotem Canson.

Vom Vorderteil aus die Hose mit einem rotgemusterten Flicken schmücken. Dazu ein 4,5 x 3 cm großes Stück Stoff zur Hälfte vorne an der Hose befestigen (Klebestift!) und dabei faltig zusammenschieben. Das Teil über die äußere Kante der Hose ziehen und auf der Rückseite ebenfalls ankleben. Mit schwarzem Filzstift dicke „Nähstiche" anzeichnen.

Zum Schluß an einer Wattekugel eine Rundung abschneiden, die Kugel mit roter Bastelfarbe einfärben und als dicke Clownsnase an der Vorderseite anbringen.

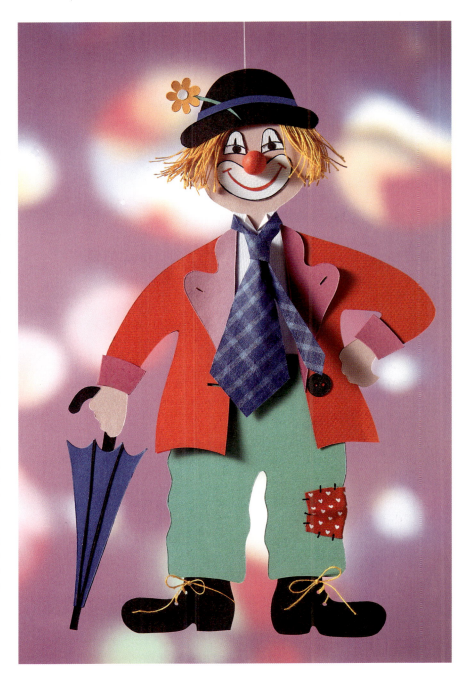

Fleißiger Osterhase

Vorlage D

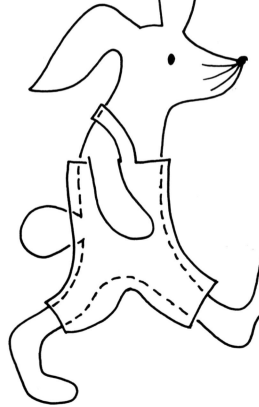

Material
Tonkarton in Hellgrün, Hellviolett; Canson in Mittelbraun, Beige, Dunkelbraun, Graubraun, Gelb, Blau-Türkis; Tonpapier in Dunkelblau, Dunkelviolett, Rosa; karierter Baumwollstoff in Blau (leichte Qualität); Borsten (z.B. von einem Handfeger); schwarzer Filzstift

Ausführung
Aus hellgrünem Tonkarton den Rahmen mit den Querverstrebungen doppelt zuschneiden und beide Teile deckungsgleich gegeneinanderkleben. Alle weiteren Bildteile aus Canson bzw. Tonpapier ebenfalls zweifach herstellen, nur das große Ei aus hellviolettem Tonkarton einfach anfertigen.
Zunächst die Vorderseite arbeiten. Die gelben Blüten und die Blätter der Abbildung entsprechend anbringen. Auf dem mittelbraunen Hasenkörper die dunkelviolette Hose und anschließend die türkisblaue Jacke anbringen. Die Ärmel in Rosa von vorne und hinten gegen die Jacke kleben und die Hände ergänzen. Die Ohren mit beigefarbenen Innenformen betonen.
Fünf ca. 4,5 cm lange Borsten für den Schnurrbart zuschneiden und mit der dunkelbraunen Nase fixieren. Mit schwarzem Filzstift die Augen einzeichnen.
Die Hasenfigur so an dem Rahmen befestigen, daß ein Ohr von dem seitlichen Stengel gestützt wird (s. Abb.). An die Hände des Hasen die graubraunen Griffe des Schubkarrens montieren und daran den dunkelbraunen Karren mit graubraunem Reifen ergänzen. Das Riesenei mit einer gelben Schleife schmücken und hinter dem Rand des Karrens anbringen. Es wird zusätzlich hinter einem Blatt befestigt (s. Abb.).
Alle Teile auf der Rückseite des Bildes deckungsgleich dagegenkleben.
Zum Schluß das Halstuch aus kariertem Stoff, wie auf Seite 7 beschrieben, anfertigen, um den Hals des Hasen legen, vorne binden und den Knoten etwas ankleben.

Osterspaziergang

Vorlage E

Material
Tonkarton in Grasgrün; Canson in Weiß, Gelb, Orange; kleingemusterte Baumwollstoffe in verschiedenen Farben; schwarzer Filzstift

Ausführung
Das Grasteil mit Zaun aus grünem Tonkarton einfach zuschneiden und die Blüten herausschneiden. Alle weiteren Bildteile aus Canson doppelt anfertigen. Die Übertragung der kleinen Motivteile wird dadurch erleichtert, daß die Füße aller Gänse und die Schnäbel und Füße der drei Küken jeweils identisch sind.

Den Gänsefiguren die Flügel einschneiden und hochbiegen. An allen Tieren orangefarbene Schnäbel anbringen und die Füße hinter den Körpern befestigen. Mit schwarzem Filzstift die Augen einzeichnen und die Schnabelmitte betonen.

Die Gänse der Abbildung entsprechend auf dem grünen Rahmenteil ankleben und dabei darauf achten, daß die Hälse weit genug über den Querbalken des Zaunes reichen, damit sie später gut mit Schleife, Krawatte und Fliege geschmückt werden können. Zwischen die großen Tierfiguren die kleinen gelben Küken gruppieren und anschließend die Bildrückseite entsprechend gestalten.

Erst wenn das Papierbild komplett ist, den Halsschmuck anbringen. Dazu die Motivteile aus gemusterten Baumwollstoffen nach der Beschreibung von Seite 7 anfertigen. Die erste Gans erhält ein rotes Band, das einfach geknotet und mit Klebstoff etwas fixiert wird. Die Krawatte der mittleren Gans, wie in den Zeichnungen auf Seite 14 gezeigt, binden, am Hals anbringen und so weit nach vorne ziehen, daß sie auch von der Rückseite des Bildes gut zu sehen ist. Den Hals der dritten Gans schmückt eine Fliege, die einfach geknotet, fest angezogen und auf der Vorderseite des Bildes angeklebt wird.

Grußkarten:
Gänse, Hase, Rabe und Schneeglöckchen

Vorlagen s. Seite 10, 12, 16, 18

Material
Doppelkarten in Gelb, Grasgrün, Blaugrün, Weiß mit passenden Briefumschlägen (aus dem Papierhandel); Tonkarton in Grün; Canson in Mittelbraun, Orange, Weiß, Schwarz, Gelb, Rot, Blau-Türkis; schwarzer Filzstift

Ausführung

Gänse
Die Gänse auf weißen Canson übertragen und ausschneiden, dabei die Flügel einschlitzen und hochbiegen. An beiden Tieren die orangefarbenen Schnäbel aufkleben, die Füße hinter dem Körper ankleben und schwarze Augenpunkte einzeichnen. Die Gänse mit verschiedenfarbigen Fliegen schmücken und mit nur wenigen Klebepunkten im „Gänsemarsch" auf der Karte anbringen.

Hase
Aus mittelbraunem Canson den Hasenkörper fertigen und den Arm einschneiden. Anschließend die türkisblaue Hose unter den Arm schieben und mit einem Klebepunkt befestigen. Mit schwarzem Filzstift Auge und Barthaare einzeichnen.
Der fröhliche Hase kann so eine Karte schmücken, er eignet sich aber auch als kleiner Anhänger. In diesem Fall die beiden Motivteile doppelt zuschneiden und die Rückseite entsprechend ergänzen.

Rabe
Die Motivteile auf schwarzen, gelben und weißen Canson übertragen und zuschneiden. Den Flügel des Raben einschneiden und etwas hochbiegen. Den gelben Schnabel anbringen, vorher das weiße Auge darunterschieben. Mit schwarzem Filzstift die Schnabelmitte markieren und zuletzt die Füße ankleben.
Der Rabe hockt, mit nur jeweils einem Klebepunkt an Kopf und Schwanz befestigt, links unten auf der Karte.

Schneeglöckchen
Die Blätter mit beiden Stengeln aus grünem Tonkarton ausschneiden. Zwei Schneeglöckchen aus weißem Canson daran befestigen. Die Blumen in der Mitte der Karte anordnen und nur das untere Stengelende ankleben, so daß Blüten und Blätter lose bleiben.

Sommer

Auf der Schaukel

Vorlage F

Material
Tonkarton in Hellblau, Blaugrün, Ocker, Rot; Canson in Rosé, Mittelbraun; Tonpapier in Gelbgrün; kleingemusterter Baumwollstoff in Rot; naturfarbenes Leinenstickgarn; schwarzer Filzstift; roter Wachsmalstift

Ausführung
Für den Rahmen den hellblauen Ring doppelt zuschneiden und vor dem Auseinandernehmen beide Teile markieren. Den Baum und den einzelnen Ast aus grünem Tonkarton einfach zuschneiden und zwischen die Ringteile kleben. Aus gelbgrünem Tonpapier alle Blätter doppelt anfertigen und die zusammengehörigen Paare auf der Rückseite numerieren. Die Teile in der Mitte falzen, knicken und jeweils nur mit einer Hälfte an den Ästen ankleben, die andere plastisch hochstehen lassen. Auf der Rückseite die Gegenstücke ergänzen.
Als Aufhängung für die Schaukel zwei ca. 38 cm lange Stick-garnfäden zuschneiden und doppelt an dem oberen Ast festknoten, die Enden herunterhängen lassen (s. Abb.).
Für das Kind und die Schaukel alle Einzelteile bis auf die Hände, die Beine und die hellblauen Schuhsohlen doppelt anfertigen. Jacke, Hose, Schuhe, Hut und Schaukel aus Tonkarton, den Kopf und die Sitzfläche des Schaukelbretts aus Canson zuschneiden. Zunächst die Vorderseite der Figur zusammenfügen (s. Vorlagenbogen). Mit schwarzem Filzstift Mund und Nase einzeichnen und mit rotem Wachsmalstift die Wangen betonen.

20 Stickgarnfäden von 9,5 cm Länge für die Haare abschneiden und oben an den Kopf des Kindes kleben (s. Seite 8). Von dem doppelt zugeschnittenen Hut einen Teil an der gestrichelten Linie einschneiden, etwas über den Kopf und die Klebestellen der Haare schieben und dort befestigen (s. Abb.). Das ockerfarbene Schaukelbrett und die mittelbraune Sitzfläche aufeinanderkleben und das Kind darauf anbringen. Die herabhängenden „Seile" der Schaukel vorne zwischen den umgeknickten Händen durchführen und hinten an dem Brett festkleben (s. Abb.).
Anschließend die Rückseite deckungsgleich ergänzen und dabei beachten, daß die Figur gewisse Unterschiede zur Vorderseite aufweist (s. Zeichnung). Das Kopfteil hinterkleben und den Hut darauf montieren. Mit einem schwarzen Filzstift das Hutkopfteil zum Kreis ergänzen (s. Zeichnung) und die weiteren Teile der Bildrückseite gegengleich anfügen.
Zuletzt das Tuch aus rotgemustertem Stoff anfertigen (s. Beschreibung auf Seite 7), um den Hals der Figur legen und vorne verknoten.

Wandersleut'

Vorlage G

Material
Tonkarton in Hellgrün, Dunkelbraun; Canson in Rosé, Rot, Blau-Türkis, Dunkelblau; Seidenpapier in Türkis, Dunkelblau; Zeitungspapier; naturfarbenes Leinen- oder Baumwollstickgarn; schwarzer Filzstift; roter Wachsmalstift

Ausführung
Beide Wanderburschen werden nach der gleichen Vorlage angefertigt. Für jeweils eine Figur alle Bildteile aus Canson und Tonkarton (hellgrüne Jacke) doppelt ausschneiden.
Das Kopfteil mit der Jacke zusammenfügen, den linken Arm mit nur einem Klebepunkt auf dem Körper anbringen und den rechten Arm hinten am Körper befestigen. Die Hände hinter die Ärmel kleben.
Anschließend die Hose am Jackensaum fixieren und die Beine und Schuhe ankleben.
Über der Schulter trägt jeder Wanderbursche einen Stock aus braunem Tonkarton, der an der linken Hand und auf der Schulter angebracht wird. Die Augen mit schwarzem Filzstift einzeichnen und die Wangen mit Wachsmalstift etwas rot malen.
Auf der Rückseite alle Bildelemente deckungsgleich ergänzen. Dann die fertige Papierfigur mit Haaren aus Stickgarnfäden versehen. Dazu ca. 28 Baumwoll- oder Leinenfäden von 9 cm Länge zuschneiden. Die Fäden zur Hälfte ihrer Länge auf der Vorderseite des Kopfes anbringen, dann über den Oberkopf legen und die andere Hälfte an der Rückseite des Kopfes befestigen.
Für den Hut ein 10,5 x 7 cm großes Stück Zeitungspapier zuschneiden und nach dem vorgegebenen Schema falten (s. Zeichnungen 1 und 2). Den Zeitungshut ein Stück über den Kopf schieben und dabei die Klebestellen der Haare abdecken. Dünne Seidenpapierstreifen in die Hutfalte stecken
Ebenfalls aus Seidenpapier das „Tuch" anfertigen. Es wird in der Länge zusammengepreßt und vorsichtig um den Stock geknotet. Die Enden wieder flächig auseinanderziehen.

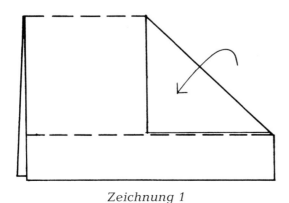

Zeichnung 1

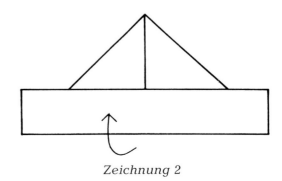

Zeichnung 2

Fahrradausflug
Vorlage H

Material

Tonkarton in Rot, Hellgrau, Orange; Canson in Blau-Türkis, Pastellgrün; Tonpapier in Lila, Dunkelblau, Rosa, Pink; naturfarbenes Baumwoll- oder Leinenstickgarn; schwarzer Filzstift

Ausführung

Den Fahrradrahmen aus rotem Tonkarton doppelt ausschneiden. Die beiden Teile deckungsgleich aufeinanderfügen und dazwischen die jeweils einfach zugeschnittenen Reifen, den Korb und das Rücklicht aus Tonkarton befestigen. Beim Korb Verzierungen einschneiden.

Alle weiteren Bildelemente aus Canson bzw. Tonpapier zweifach anfertigen und zunächst die Vorderseite weiterarbeiten.

Der Motivzeichnung entsprechend die große und die kleine Figur aus allen Einzelteilen zusammenfügen. Beide Kinder auf dem Fahrrad befestigen und dem kleinen Jungen den Rucksack mit dem Bären über die Schulter schieben, bevor der Arm angeklebt wird. Mit schwarzem Filzstift die Gesichter einzeichnen. Den Korb mit bunten Blüten und Blättern aus Canson und Tonpapier füllen.

Die Rückseite der Figuren und des Korbes deckungsgleich ergänzen.

Aus 26 Stickgarnfäden von 8 cm Länge die Haare für den großen Jungen anfertigen, für den kleinen ca. 12 Fäden von 6 cm Länge abtrennen und die Haare wie auf Seite 24 beschrieben am Kopf der jeweiligen Figur befestigen. 12 weitere Haarfäden zwischen Kinderkopf und Rücken der großen Figur ankleben und auf der Rückseite ergänzen.

Dann bei beiden Jungen auf der Vorder- und Rückseite die Kopfbedeckungen anbringen. Die blaue Mütze besteht aus zwei Teilen: den Schirm der Mütze an der oberen Kante knicken und unter das Kopfteil der Mütze schieben. An der roten Mütze den Schirm vorne einknicken und etwas hochstellen.

Haus im Sommer

Vorlage J

Material
Tonkarton in Weiß, Hellrot; Canson in Blau-Türkis, Dunkelblau, Schwarz, Gelb, Braun, Graubraun; Tonpapier in Grün, Dunkelrot; Cutter, Metallineal; weißer Folienstift

Ausführung
Das Haus (inklusive Zaunteil) mit Tür- und Fensteröffnungen, die auf dem Vorlagenbogen mit einer durchgehenden dicken Linie gekennzeichnet sind, aus weißem Tonkarton einmal ausschneiden. Fensterflächen und Türfenster herausschneiden.
Zunächst die Vorderseite arbeiten. Fensterrahmen und Türblatt, in der Vorlage mit dünnen Linien markiert, mit Hilfe von Cutter und Metallineal aus türkisblauem Canson doppelt anfertigen.
Fensterrahmen und das mit eingeschlitztem „Holz"-motiv verzierte Türblatt vor den Öffnungen befestigen, an die Tür einen Rahmen aus dem gleichen Material setzen.
Für das Fachwerk aus schwarzem Canson mit Cutter und Metallineal 3 mm breite Streifen zuschneiden und anbringen (s. Abb.).
Das Dachteil aus hellrotem Tonkarton doppelt zuschneiden und an der Grundform anbringen. Das Gitter aus dunkelrotem Tonpapier ebenfalls zweifach anfertigen und darauf ankleben, erst dann die überstehenden Gitterstreben entlang der äußeren Dachkanten nachschneiden.
Aus grünem Tonpapier das Grasteil, die rankenden Pflanzen und die Blumenstengel mit Blättern doppelt herstellen und die Hauskanten damit schmücken. Mit gelben und blauen Blüten dekorieren und vor der Haustür eine graubraune Treppenstufe aufkleben. Zwei schwarze Raben anfertigen, mit gelben Schnäbeln versehen, Augen mit weißem Folienstift aufmalen und auf den Dachfirst setzen.
Zum Schluß auf der Rückseite des Hauses alle Teile deckungsgleich ergänzen.

Frosch

Vorlage K

Material

Tonkarton in Weiß, Grün; Canson in Gelb, Pastellgrün, Dunkelbraun; Tonpapier in Hellviolett, Dunkelviolett; roter Lederrest (dünne Qualität); vier türkisfarbene Knöpfe (Ø ca. 1,2 cm); Cutter, Metallineal; Bindfaden

Ausführung

Die Rahmenkonstruktion mit Cutter und Metallineal aus weißem Tonkarton doppelt ausschneiden und deckungsgleich aufeinanderkleben. Aus pastellgrünem Canson die Pflanzenstengel für beide Seiten des Bildes jeweils doppelt zuschneiden und am Rahmen befestigen (s. Abb.), dabei die äußeren Halme nur unten ankleben und oben abknicken. Dunkelbraune Kolben beidseitig aufkleben. Den Frosch aus grünem Tonkarton doppelt ausschneiden. Beide Figurenteile deckungsgleich aufeinanderfügen, dabei die Hand für den Ball nicht zusammenkleben. Augen, Mund und Nasenlöcher aus hellgrünem, dunkelgrünem und schwarzem Tonpapier zweifach zurechtschneiden und das Gesicht beidseitig gestalten. Die Hose aus gelbem Canson an der Vorder- und Rückseite ergänzen. Aus rotem Leder zwei Hosenträger zuschneiden, dabei die markierte Bruchlinie der Vorlage beachten. An beiden Enden der Hosenträger türkisfarbene Knöpfe annähen und dann die Träger aufkleben. Die Motivteile für den Ball zusammensetzen und den Ball auf jeder Bildseite zwischen die Handflächen schieben. Den fertigen Frosch mit einem Bindfaden beweglich im Rahmen aufhängen.

Segelboote

Vorlage L

Material

Tonkarton in Weiß, Hellgrün, Mittelgrün, Blau-Türkis, Hellrot, Dunkelrot; Canson in Blaugrau; gestreifte Baumwollstoffe in Weiß und Blau; Holzleim; weißer Zwirn; Cutter, Metallineal; Nähnadel

Ausführung

Die Bootskörper und die schmalen Kielstreifen jeweils doppelt aus hell- bzw. dunkelrotem Tonkarton anfertigen. Die Masten aus weißem Tonkarton mit Hilfe von Cutter und Metallineal ebenfalls zweifach zuschneiden. Beide Mastteile jeweils deckungsgleich aufeinanderfügen, dabei eine mittelgrüne Fahne dazwischenkleben.

Die Teile von hinten an den Bootskörpern befestigen und diese mit den dunkelroten Kielstreifen dekorieren.

Aus zwei gestreiften Baumwollstoffen die Segel zuschneiden (s. Beschreibung auf Seite 7) und an die Masten binden. Dazu einen Zwirnsfaden in eine nicht zu dicke Nadel einfädeln und damit die Segel an den drei bezeichneten Stellen durchstechen. Zwei Fä-

den jeweils um den Mast binden und daran mit wenig Klebstoff befestigen. Den dritten Faden durch das betreffende Bootsteil hindurchführen und dort festknoten.

Für die Wellen die obere Reihe einfach, die beiden weiteren Reihen doppelt aus Tonkarton bzw. Canson ausschneiden. Alle drei Teile aufeinanderfügen und dabei immer nur die untere Kante mit Klebstoff einstreichen, die Wellen bleiben oben lose.

Die beiden Boote zwischen die Wellen schieben und an dem dahinterliegenden Wellenbogen anbringen (s. Abb.). Dabei die Segelboote so eng nebeneinandersetzen, daß das Segel des rechten Bootes zur Stabilisierung an dem Masten des linken Bootes befestigt werden kann.

Auf der Bildrückseite die Bootskörper und das zweite und dritte Wellenteil ergänzen.

Für die Aufhängung einen ca. 52 cm langen Faden an den seitlich markierten Punkten anknoten und daran aus weißem Tonkarton beidseitig drei Möwen anbringen (s. Abb.).

Grußkarten:
Frosch, Segelboot und Fahrrad

Vorlagen s. Seite 30, 32, 34

Material
Doppelkarten in Graublau, Mittelblau, Dunkelblau mit passenden Briefumschlägen (aus dem Papierhandel); Tonkarton in Weiß, Mittelgrün; Canson in Rot, Blau-Türkis, Gelb, Graublau; Tonpapier in Orange, Blau, Rosa, Dunkelgrün, Schwarz; Bürolocher; dünner schwarzer Filzstift

Ausführung

Frosch
Den Frosch aus grünem Karton zuschneiden und die dunkelgrünen und schwarzen Augenpunkte anbringen. Nasenlöcher und Mund mit einem dünnen schwarzen Filzstift einzeichnen.
Aus gelbem und rotem Canson die Hose mit den Hosenträgern anfertigen und auf dem Froschkörper befestigen. Locherpunkte aus blauem Tonpapier bilden die Knöpfe. Die Figur mit wenigen Klebepunkten auf der Karte anbringen, die Arme dabei lose und plastisch lassen.
Der Frosch kann auch als Anhänger verwendet werden, dann muß er jedoch zweiseitig gearbeitet sein.

Segelboot
Für das Segelboot den Bootskörper aus rotem und die Wellenreihe aus türkisblauem Canson zuschneiden. Das Segel und der Mast bestehen aus weißem, die Fahne aus grünem Tonkarton.
Das Boot zusammenfügen, dabei den weißen Masten hinter dem Bootskörper anbringen und mit der Fahne schmücken.
Das Boot mit dem Mast in leichter Neigung auf der Karte anbringen und anschließend das Segel nur mit zwei Klebepunkten befestigen. Die Wellenreihe unten ankleben (s. Abb.).

Fahrrad
Den roten Rahmen und die graublauen Reifen aus Canson fertigen und auf der Karte anordnen, dabei die Räder unter den Fahrradrahmen schieben. Aus orangefarbenem Tonpapier den Korb ausschneiden und vorne am Fahrrad befestigen. Die bunten Blüten aus Tonpapier und die Blätter aus Tonkarton mit wenigen Klebepunkten am Korb dekorieren.

Herbst

Heuwagen

Vorlage M

Material
Tonkarton in Ocker, Dunkel-
braun, Schwarz; Canson in Rosé,
Grün, Beige, Graubraun, Hell-
braun; Tonpapier in Rot, Blau,
Gelb, Schwarz; dunkelbrauner
Lederrest (dünne Qualität); Loch-
zange; etwas Heu; schwarzer
Filzstift

Ausführung
Das Pferd und das Zaumzeug mit
Geschirr aus ockerfarbenem bzw.
dunkelbraunem Tonkarton dop-
pelt ausschneiden. Mähne und
Schweif aus beigefarbenem Can-
son einfach anfertigen und beide
Teile von hinten an der Pferdefi-
gur befestigen. Die beigefarbe-
nen Hufe zweifach zuschneiden.
Nun zuerst die Vorderseite des
Bildes arbeiten. An den breiten
Geschirriemen mit einer Loch-
zange Löcher einstanzen und das
Teil ebenso wie das Zaumzeug
mit nur wenigen Klebepunkten
an dem Pferdekörper festkleben.
Jacke, Hose und Haare für den
Kutscher aus Tonpapier, Gesicht
und Hände aus Canson doppelt

anfertigen, die schwarze Peitsche
einfach zuschneiden und alle Teile entsprechend der Vorlage zusammenfügen.
Aus grünem Canson das Gitter
des Heuwagens zweifach anfertigen. Die Wagenstange vierfach
zuschneiden, sie sorgt später, jeweils in zwei Lagen geklebt, für
eine stabile Verbindung zwischen Pferd und Wagen.
Für die Wagenladung eine
Grundfläche aus hellbraunem
Canson einfach schneiden und
auf der Vorder- und Rückseite mit
Heu bekleben. Dazu die Fläche
mit Klebstoff einstreichen und
das Heu gleichmäßig deckend
darauf anordnen. Die untere und
die seitlichen Kanten der Fläche
frei lassen, an ihnen das Wagen-
gitter festkleben, vorher jedoch
die Figur dazwischenschieben.
Zwei Räder aus dunkelbraunem

Karton doppelt zuschneiden und
vor dem Auseinandernehmen
beide Teile jeweils mit einer
Markierung versehen. Pferd und
Wagen auf einem einfach zugeschnittenen Untergrund aus graubraunem Canson anordnen und
als Verbindung die doppelt auf-
einandergeklebte Deichsel an
dem Heuwagen anbringen, unter
das Pferdegeschirr schieben und
festkleben.
Die Bildrückseite deckungsgleich ergänzen, dabei mit dem
Pferd beginnen.
Dann das Lederband von der
Hand des Kutschers auf der Vor-
der- und Rückseite durch die Ge-
schirrösen führen und an dem
Zaumzeug befestigen (s. Abb.).
Grüne Locherpunkte auf den
Radachsen ergänzen und die Augen von Kutscher und Pferd mit
einem Filzstift einzeichnen.

Spielende Katzen

Vorlage N

Material
Tonkarton in Schwarz, Rot, Weiß; Canson in Weiß, Gelb; rotes Topflappengarn; Zirkel

Ausführung
Aus rotem Tonkarton eine Scheibe von 7 cm Durchmesser anfertigen und mit dem roten Topflappengarn umwickeln.
Vom Vorlagenbogen die Motivteile der beiden Katzen auf schwarzen Tonkarton übertragen und jeweils doppelt ausschneiden. Aus Canson die gelben Augen und alle weißen Teile ebenfalls zweifach anfertigen.

Die rechte Katze aus Kopf und Körper zusammenfügen. Für die linke Katze aus weißem Tonkarton ca. 4 cm lange, für die rechte etwa doppelt so lange, sehr schmale Streifen als Barthaare zuschneiden. Die Bartstreifen jeweils unter der weißen Schnauze befestigen und dann die weißen Innenohren, die Schwanzspitzen und die Pfoten aufkleben. Gelbe Augen und schwarze Punkte als Pupillen anbringen.
Bei beiden Katzen die Rückseite deckungsgleich ergänzen und dabei jeweils die vorderen Pfoten, bei der geduckten Katze zusätzlich noch das Kopfteil, nicht zusammenkleben.
Die fertigen Tierfiguren von der rechten und der linken Seite auf den Ball schieben und dort ankleben. Vorher auf einer Seite ein langes Fadenende und auf der anderen Seite eine Fadenschlinge von dem Knäuel lösen. Beide Fadenteile den Katzen jeweils um die Vorderpfoten schlingen und mit wenigen Tupfen Klebstoff befestigen.

Eule

Vorlage O

Material
Tonkarton in Schwarz, Hellbraun; Canson in Weiß, Orange, Gelb, Mittelbraun, Rotbraun, Dunkelbraun, Schwarz

Ausführung
Den Kopf, das gerundete Bauchteil und die beiden Flügel auf hellbraunen Tonkarton übertragen und jeweils doppelt anfertigen. Die drei Gefiederreihen aus Canson in unterschiedlichen Brauntönen herstellen.

Aus Bauchteil, Gefieder und Kopf die Eule zusammenfügen und dabei die unteren vier Lagen jeweils nur am oberen Rand mit Klebstoff bestreichen, so daß das Gefieder plastisch erscheint.
Für die Riesenaugen jeweils zwei Kreise aus dunkelbraunem, weißem, orangefarbenem und schwarzem Canson doppelt zuschneiden und der Vorlage entsprechend aufkleben. Zuvor den Schnabel aus gelbem Canson darunterschieben.

Auf den Ohren zwei rostbraune Innenohren anbringen, dann rechts und links die Flügel ergänzen. Alle Teile nur mit je einem Klebepunkt befestigen und die Ränder plastisch abstehen lassen.
Den Ast aus schwarzem Tonkarton einfach zuschneiden und von hinten an der Eule anbringen. Die orangefarbenen Krallenfüße darauf setzen und auf der Rückseite alle Bildteile deckungsgleich dagegenkleben.

Laternenkinder

Vorlage P

Material
Tonkarton in Mittelblau, Hellbraun; Canson in Gelb, Orange, Rotbraun, Blau-Türkis, Rosé; Tonpapier in Dunkelblau, Hellviolett, Dunkelviolett; Transparentpapier in Gelb, Orange; ein kleines Stück Pappe (3 x 1 cm); schwarzer Filzstift; Bindfaden; Nähnadel

Ausführung
Den Rahmen mit beiden Quersprossen aus blauem Tonkarton zweifach ausschneiden und deckungsgleich aufeinanderkleben.
Alle Bildteile für die Kinder aus Tonpapier bzw. Canson doppelt fertigen. Die Figuren entsprechend der Vorlagenzeichnung zusammenfügen, zuletzt die Arme mit den Händen jeweils nur an der oberen Rundung festkleben.
Den Kindern Gesichter zeichnen.
Den Jungen und das Mädchen so an dem Rahmen befestigen, daß die Füße beider Figuren die untere und die Köpfe die obere Sprosse berühren, dabei das Mädchen etwas vor den Jungen setzen.
Jedes Kind erhält einen zweifach angefertigten Laternenstock aus hellbraunem Tonkarton, der oben auf dem Rahmen aufliegt. Das untere Ende hinter den Händen und Armen ankleben. Aus orangefarbenem Canson Mond und Sterne doppelt schneiden und damit den Rahmen schmücken. Die Rückseite des Bildes deckungsgleich ergänzen.
Zuletzt die beiden Laternen aus Transparentpapier anfertigen.
Für die gelbe Laterne einen 48 x 3 cm langen Streifen zuschneiden, in ca. 1 cm breite Ziehharmonikafalten legen und das Faltbündel dachförmig (wie einen Faltstern) abschrägen. Am unteren, geraden Ende einen doppelten Faden durchstechen und die Laterne zusammenziehen. Die offenen Kanten aneinanderkleben und das Fadenende am Laternenstock des Mädchens anknoten.
Für die orangefarbene Laterne einen 50 x 1 cm langen und einen 18,5 x 3 cm langen Streifen zu einer „Hexentreppe" falten (s. Zeichnungen 1-4). Die oberen Enden der Streifen aufeinanderkleben und darauf ein 3 x 1 cm großes Pappstück anbringen, dahinter den Faden für die Aufhängung kleben. Die Laterne am Stock des Jungen anknoten (s. Abb.).

Zeichnung 1

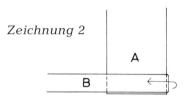

Zeichnung 2

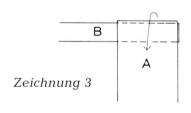

Zeichnung 3

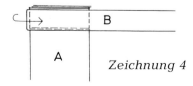

Zeichnung 4

Bär

Vorlage R

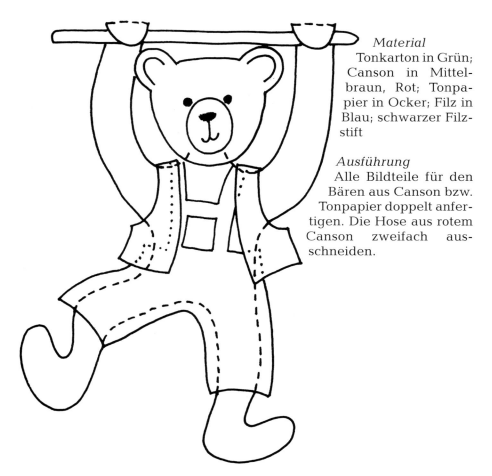

Material
Tonkarton in Grün; Canson in Mittelbraun, Rot; Tonpapier in Ocker; Filz in Blau; schwarzer Filzstift

Ausführung
Alle Bildteile für den Bären aus Canson bzw. Tonpapier doppelt anfertigen. Die Hose aus rotem Canson zweifach ausschneiden.

Zunächst beide Teile des Bärenkörpers (ohne Kopf) deckungsgleich aufeinanderkleben, dabei die Pfoten offen lassen. Beidseitig die rote Hose und die Hosenträger anbringen und mit Knöpfen und Hosenklappe aus grünem Tonkarton verzieren. Einen Fuß jeweils mit einer ockerfarbenen Fußsohle betonen (s. Abb.).
Aus blauem Filz zwei Westenteile zuschneiden und dabei die Bruchlinie auf den Schultern beachten. Im schraffierten Bereich die „Seitennähte" mit wenig Klebstoff zusammenfügen und die Westenteile über die Arme des Bären ziehen.
Den Kopf mit Innenohren und Schnauze aus ockerfarbenem Tonpapier bekleben, Augen und Nase mit schwarzem Filzstift aufmalen und am Bärenkörper anbringen. Auf der Rückseite den Kopf deckungsgleich ergänzen.
Aus grünem Tonkarton den Ast zweifach zuschneiden. Vor dem Zusammenkleben die Pfoten in der Mitte hindurchführen und jeweils nach vorne und nach hinten umklappen.

Regentag

Vorlage S

Material

Tonkarton in Ocker, Rot, Blau, Hellgrün, Dunkelgrün; Canson in Rosé, Blau-Türkis, Gelb, Mittelbraun, Orange; Tonpapier in Gelbgrün, Dunkelbraun; kleingemusterter Baumwollstoff in Rot; naturfarbenes Baumwollstickgarn; schwarzer Filzstift, roter Wachsmalstift; Klebestift

Ausführung

Sämtliche Einzelteile des Bildes aus Tonkarton bzw. Canson zweifach anfertigen, die Standfläche aus dunkelgrünem Tonkarton nur einmal zuschneiden.

Die Mädchenfigur aus Kopf, Mantel, Beinteilen und Stiefeln zusammenfügen, den Arm nur an der oberen Rundung ankleben und die Hand ergänzen.

Auf die Standfläche den mittelbraunen Pfosten nach der Positionsangabe auf dem Vorlagenbogen anbringen und von der Rückseite deckungsgleich dagegenkleben, vorher noch das gelbe Halteschild doppelt aufeinanderfügen und dazwischenschieben. Mit dem Buchstaben „H" aus braunem Canson auf beiden Seiten kennzeichnen.

Das Mädchen nur mit Stiefeln und Mantel an der Standfläche bzw. dem Pfosten befestigen (s. Vorlagenzeichnung). Den Schirmstock aus ockerfarbenem Tonkarton an die Hand, die Schulter und den Pfosten kleben. Auf das hellgrüne Schirmteil zwei türkisblaue Bahnen setzen

und den Schirm am Stock und am Pfosten befestigen. Den Dackel aus ockerfarbenem Tonkarton fertigen, die Ohren einschlitzen und leicht nach oben biegen. Den Hund und die verschiedenfarbigen Blätter mit nur wenigen Klebepunkten anbringen. Auf der Bildrückseite alle noch fehlenden Teile entsprechend ergänzen.

Für die Haare des Mädchens ca. 26 Stickgarnfäden von 10 cm Länge abtrennen und von der Stirn (Ponyhaare) über den Hinterkopf bis zum Nacken legen und so befestigen. Die Haare auf der Rückseite genauso anbringen.

Das Kopftuch aus rotgemustertem Baumwollstoff nach der Beschreibung von Seite 7 anfertigen. Die vordere Tuchkante etwas nach innen einschlagen, um den Kopf des Mädchens legen und vorne doppelt verknoten. Den Rand des Tuches mit etwas Klebstoff (Klebestift!) am Kopf befestigen, die Augen mit schwarzem Filzstift einzeichnen und die Wangen mit rotem Wachsmalstift betonen.

Grußkarten:
Eule, Bär und Katze

Vorlagen s. Seite 38, 44, 48

Material
Doppelkarten in Blaugrün, Beige, Hellorange mit passenden Briefumschlägen (aus dem Papierhandel); Tonkarton in Hellbraun, Grün, Weiß; Canson in Rotbraun, Dunkelbraun, Orange, Gelb, Weiß, Schwarz, Dunkelblau, Blau-Türkis; Tonpapier in Beige; schwarzer Filzstift

Ausführung

Eule
Die Motivteile aus Tonkarton bzw. Canson zuschneiden. Aus dem dunkelbraunen Bauch, der rotbraunen Gefiederreihe und dem hellbraunen Kopfteil die Eule mit nur wenigen Klebepunkten zusammenfügen, so daß die gerundeten Kanten plastisch erscheinen. Die Augen aus weißen, orangefarbenen und schwarzen Kreisen übereinanderkleben, zuvor den orangefarbenen

Schnabel darunterschieben. Die Flügel jeweils nur an der oberen Rundung befestigen und die orangefarbenen Krallenfüße auf dem schwarzen Ast ergänzen. Die Figur mittig auf der Karte anbringen.

Bär
Sämtliche Teile für die Bärenfigur aus Canson, die Schnauze aus beigefarbenem Tonpapier zuschneiden. Kopf und Körper zusammenfügen und die türkisblaue Hose mit der dunkelblauen

Weste daran befestigen. Die Schnauze aufkleben und Augen, Mund und Ohren mit schwarzem Filzstift einzeichnen. Aus grünem Tonkarton eine Stange anfertigen, die Pfoten des Bären dahinter befestigen und nach vorne umklappen.
Besonders plastisch wirkt der Bär, wenn nur die Stange auf der Karte festgeklebt wird und die Tierfigur lose hängt.

Katze
Katzenkopf und -körper aus schwarzem Canson zuschneiden und aneinanderkleben. Die gelben Augen anbringen und schwarze Pupillen aufzeichnen. Zwei dünne weiße Barthaare (4,5 cm lang) aus Tonkarton zurechtschneiden und unter der Schnauze anbringen.
Die Katze mit nur einem Klebepunkt am unteren Rand der Karte befestigen, den Schwanz dabei lose und plastisch lassen.
Soll die Katze als Anhänger dienen, müssen alle Teile doppelt angefertigt und auf der Vorder- und Rückseite deckungsgleich gegeneinandergeklebt werden.

Winter · Weihnachten

Kleine Stadt

Vorlage T

Material
Bristolkarton (246 g/qm) in Weiß;
Tonkarton in Rot; Cutter, Metalllineal; Klebefilm für die Aufhängung

Ausführung
Die Silhouette der Häuserreihe
mit sämtlichen Fenstern, Türen
und Dekorationselementen vom
Vorlagenbogen auf weißen Bristolkarton übertragen und mit
Hilfe von Cutter und Metalllineal
aus einer Lage Karton ausschneiden.
Dabei immer erst alle Linien in
einer Flucht schneiden, dann das
Werkstück drehen und entsprechend weiterarbeiten. Besonders
vorsichtig an den jeweiligen
Fensterkreuzen vorgehen, damit
die dünnen Stege nicht ange-
schnitten und dadurch instabil
werden.
Nach Fertigstellung der scherenschnittartigen Kulisse die senk-
rechten Trennungslinien zwischen den Häusern vorfalzen und
entsprechend der Markierung in
Berg- und Talfalten umknicken.
Dadurch setzen sich dann zwei

Häuser plastisch von den übrigen
ab.
Als kleine Farbtupfer eine Fahne
und mehrere Laternen aus rotem
Tonkarton anfertigen. Bei den
Laternen die Innenflächen herausschneiden und auf der Vor-
der- und Rückseite an den jeweils
vorstehenden Häusern anbringen. Die Fahne auf dem Dachfirst
befestigen und mit einen schmalen Streifen aus Bristolkarton verzieren.
Dieses Fensterbild sollte nicht
wie die anderen an einem Faden
aufgehängt werden, sondern mit
kleinen aufgerollten Klebefilm-
stücken direkt an die Fensterscheibe oder an eine Tür deko-
riert werden.

Weihnachtsmann

Vorlage U

Material

Tonkarton in Rot, Braun, Blau, Hellgrün; Canson in Rosé, Weiß, Grün; Goldband; schwarzer Filzstift, roter Wachsmalstift; einige dünne Äste; Klebefilm; Bindfaden

Ausführung

Die Grundform des Weihnachtsmanns und alle weiteren Bildteile aus Tonkarton bzw. Canson mit wenigen Ausnahmen doppelt ausschneiden. Einfach gefertigt werden das große hellgrüne Paket, die blaue Laterne, das Gesicht des Weihnachtsmannes, seine Stiefel und der nach vorne gestreckte Arm.

Das Gesicht, den nach vorne gestreckten Arm und die Stiefel von hinten an der Grundform befestigen und den Pelzbesatz und Bommel aus weißem Canson an Mütze, Ärmeln und Mantelsaum anbringen. Anschließend das Gesicht mit Bart und Schnurrbart aus dem gleichen Material schmükken.

Den angewinkelten Arm nur an der oberen Rundung auf dem Mantel ankleben. Auf dem Rücken den braunen Sack aus Tonkarton befestigen, er wird von der Hand gehalten und et-was unter die Armkugel geschoben.

Drei Pakete mit Goldband verschnüren, bei dem kleinen grünen einen längeren Faden hängen lassen. Hinter dem oberen Rand des Sacks zwei der Pakete und den grünen Tannenbaum aus Canson anbringen. Den Faden des dritten Pakets ebenfalls dort ankleben, das Paket aber lose herunterhängen lassen. Auch die blaue Laterne mit einem Goldband versehen und dieses um die vordere Hand des Weihnachtsmannes schlingen.

Mit schwarzem Filzstift die Augen zeichnen und mit einem Wachsmalstift die Wangen rot anmalen.

Einige dünne Äste mit Bindfaden umwickeln, unter den angewinkelten Arm schieben und dort verdeckt mit Klebefilm am Mantel befestigen.

Den Weihnachtsmann auf der Rückseite deckungsgleich ergänzen.

Tannenbaum

Vorlage V

Material
Canson in Grün; Tonpapier in
Weiß, Rot; Goldfolie; Locheisen
oder Grafikermesser

Ausführung
Aus grünem Canson den Tannenbaum doppelt ausschneiden
und die beiden Teile deckungs-

gleich aufeinanderkleben, damit
der Baum eine größere Stabilität
erhält.
Vom Vorlagenbogen die geschwungenen Lochreihen übertragen und entweder mit einem
Grafikermesser und spitzer Klinge ausschneiden oder mit einem
Locheisen ausstanzen.
Aus Tonpapier insgesamt sechzehn Flechtherzen anfertigen.
Die Zeichnungen 1 und 2 zeigen,
wie jeweils ein rotes und ein
weißes Teil zweimal eingeschnitten und dann miteinander verflochten werden. Anschließend
die Flechtstreifen mit Klebepunkten befestigen und an allen
Herzen einen roten Aufhängerstreifen anbringen. Acht geflochtene Herzen auf jeder Bildseite
gleichmäßig auf dem Baum verteilen, dabei nur am Aufhänger
festkleben.
Die Tannenspitze beidseitig mit
einem Goldstern schmücken.

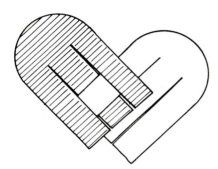

Zeichnung 1

Zeichnung 2

Schaukelpferd

Vorlage W

Material
Tonkarton in Weiß; Canson in Grün, Rot; Goldfolie; naturfarbenes Leinenstickgarn; brauner Lederrest (dünne Qualität); Lochzange; Holzleim; schwarzer Filzstift

Ausführung
Die Grundform des Schaukelpferdes und alle weiteren Bildteile aus Tonkarton bzw. Canson doppelt anfertigen. Die beiden weißen Grundformen deckungsgleich aufeinanderkleben.

An dem roten Zaumzeug und dem „Bauchgurt" mit der Lochzange kleine Löcher ausstanzen und die Teile auf dem Pferd befestigen (s. Vorlagenzeichnung). Einen Sattel aus rotem Canson mit dem grünen Musterteil bekleben und ebenfalls anbringen. Für den Ziergurt zunächst einen roten Streifen aufkleben und darauf acht kleinere und eine größere grüne Schnalle dekorieren. Die oberste Schnalle direkt beim Sattel nur mit einer Kante ankleben, der restliche Teil bleibt lose. Hier werden später die Zügel durchgezogen.

Die Füße des Pferdes mit roten Hufen versehen und von hinten an das Schaukelteil setzen, die wellenförmige Verzierung und goldene Kreise anbringen.

Alle Bildteile auf der Rückseite des Pferdes dagegenkleben. Die Zügelschnalle am Sattel bleibt auch hier einseitig lose.

Für die Mähne etwa 130 Stickgarnfäden von 9,5 cm Länge zuschneiden. Die obere Halskante des Pferdes auf Vorder- und Rückseite einen halben Zentimeter breit mit schnelltrocknendem Klebstoff (Holzleim) einstreichen, die Fäden mit ihrer halben Länge am Hals aneinanderreihen, über die Kante legen und die andere Hälfte an der Rückseite des Kopfes befestigen dabei jedesmal mit dem Fingernagel fest anpressen. Etwa 20 Fäden dabei zwischen die Ohren legen und dort ebenso befestigen. Einen Schweif aus 40 Fäden von 20 cm Länge fertigen. In der Mitte mit einem Stickgarnfaden bündeln und beidseitig am Hinterteil befestigen.

Aus einem dünnen Lederrest für die Zügel einen ca. 35 x 0,3 cm langen Streifen zuschneiden. Jedes Ende auf der Vorder- und der Rückseite durch die lose grüne Schnalle ziehen, dann jeweils an einem grünen Schmuckring befestigen und diesen an das Zaumzeug kleben. Beidseitig einen zweiten Ring ergänzen. Augen und Nüstern mit einem schwarzem Filzstift einzeichnen.

Schneemann

Vorlage X

Material
Tonkarton in Weiß, Rot, Braun; Canson in Orange, Schwarz, Blau; Tonpapier in Rot; rotes und blaues Topflappengarn; ein kleines Stück Pappe; Baumwolltrikot in Blau (T Shirtstoff); Borsten (z.B. von einem Handfeger); Lochzange; Faden

Ausführung
Den Schneemann doppelt und die sechs Schneeflocken einfach aus weißem Tonkarton zuschneiden, alle weiteren Bildteile zweifach anfertigen.
Zunächst den Hand- und Beinschlitz für die Innenkonturen an der Grundform mit blauem Papier hinterkleben und die Körperteile des Schneemanns deckungsgleich aufeinanderkleben, dabei die rechte Hand offen lassen. Augen, Mund und Nase aus schwarzem und orangefarbenem Canson anbringen und die Mütze mit breiter Krempe aus rotem Tonkarton ergänzen. Für den Bommel rotes Topflappengarn vielfach um einen 2 cm breiten Pappstreifen wickeln, einen Faden längs durchziehen, das Garn zusammenbinden und anschließend die Wickelfäden mittig aufschneiden. Die Enden des Fadens von hinten an der Mütze befestigen, evtl. zusätzlich einen Streifen Tonpapier darüberkleben. Die roten Schuhe jeweils mit vier Paar Löchern (Lochzange) versehen, blaues Topflappengarn wie Schnürsenkel hindurchziehen und zur Schleife binden. Nun die Schuhe anbringen und die Figur mit drei schwarzen Knöpfen schmücken.
Um den braunen Besenstiel zu halten, muß die eine Hand jeweils nach vorne und hinten umgeklappt werden. Den Stiel zusätzlich an der Schuhsohle befestigen. Dann das rückwärtige Teil deckungsgleich dagenkleben und an dem Doppelstiel ein Bündel von 11 cm langen Borsten anbinden. Auf der Rückseite alle sonstigen Bildteile ergänzen.
Zwei lange Fäden durch die markierten Punkte an den Armen führen und an den beiden Enden insgesamt vier Schneeflocken anknoten. Die Fäden der restlichen zwei Schneeflocken an die Schuhe knoten oder jeweils zwischen die doppelten Teile schieben und dort befestigen.
Aus festem blauen Baumwolltrikot ein ca. 34 x 5 cm großes Schalstück fertigen und um den Hals des Schneemanns binden.

Skiläufer

Vorlage Y

Material
Tonkarton in Weiß, Rot, Braun; Canson in Rosé, Grün, Blau-Türkis, Dunkelblau; gelbe und rote Stickgarnfäden; Baumwolltrikot in Rot (dünner T-Shirtstoff); schwarzer Filzstift, roter Wachsmalstift

Ausführung
Aus einer einfachen Lage weißem Tonkarton den Rahmen schneiden. Alle farbigen Bildelemente aus Canson, Ski, Skistöcke, Mütze und Stiefel aus Tonkarton doppelt anfertigen. Die Figur entsprechend der Vorlagenzeichnung zusammensetzen, dabei den vorderen Arm nur an der Armkugel ankleben und sonst lose lassen. Auf der Rückseite den Skiläufer deckungsgleich kleben, jedoch die nach vorne gestreckte Hand und beide Beine mit den Stiefeln von den Knien an nach unten offen lassen. Für die Haare ca. 20 gelbe Stickgarnfäden von 6 cm Länge abtrennen, die halbe Länge auf der Vorderseite des Kopfes anbringen, dann die Fäden über die Kopfkante legen und die restliche Länge auf der Rückseite ankleben. Von beiden Seiten die rote Mütze darüberkleben und damit die Klebestellen der Haare abdecken. Zwischen die Mützenzipfel einige Fäden aus rotem Stickgarn schieben.

Den Skiläufer mit den Beinen so auf den weiße Rahmen schieben, wie es die Zeichnung zeigt. Dabei die nach vorne gestreckte Hand jeweils nach vorne und hinten umklappen und an dem ersten Baum stabilisieren.

Vor dem Ankleben der Stiefel auf die Schneefläche die dunkelbraunen Ski darunterschieben, anschließend schmale blaue Bindungsstreifen aufkleben. Die beiden Skistöcke sowohl an den Händen des Läufers als auch an den Bäumen bzw. der Schneefläche befestigen. Sie bilden eine wichtige Verbindung zwischen Figur und Rahmenteil. Die Rückseite des Bildes gegengleich ergänzen.

Mit schwarzem Filzstift die Augen und die Konturen der Beine einzeichnen, mit rotem Wachsmalstift die Wangen betonen.

Zum Schluß aus rotem Baumwolltrikot einen 15 x 3 cm langen Streifen anfertigen und als Schal um den Hals des Skiläufers knoten.

Grußkarten:
Tannenbaum, Schaukelpferd und Weihnachtsmann

Vorlagen s. Seite 52, 54, 56

Material
Doppelkarten in Rot, Weiß, Grün mit passenden Briefumschlägen (aus dem Papierhandel); Canson in Grün, Weiß, Rosé; Tonpapier in Rot, Hellbraun, Dunkelbraun; schwarzer Filzstift

Ausführung

Tannenbaum
Den Tannenbaum aus grünem Canson ausschneiden. Als Verzierung in der Mitte mit dem Cutter oder Grafikermesser zwei Herzen heraustrennen. Den Tannenbaum mit nur einem Klebepunkt auf der Karte anbringen.
Da dieses Motiv in Scherenschnitttechnik gearbeitet ist, kann es in dieser Form auch als Anhänger verwendet werden.

Weihnachtsmann
Den roten Mantel, die rote Mütze, die braunen Schuhe und den braunen Sack aus Tonpapier, alle weiteren Bildteile aus Canson anfertigen. Gesicht und Stiefel von hinten an der Grundform anbringen, anschließend den weißen Besatz, den Bart und den Bommel aufkleben.
Den Arm nur an der oberen Rundung befestigen und den Sack so über die Schulter legen, daß er von der Hand gehalten werden kann.
Das Auge mit schwarzem Filzstift einzeichnen und dann den Weihnachtsmann mit nur einem Klebepunkt auf der Karte anbringen.

Schaukelpferd
Das Pferd aus weißem Canson anfertigen. Alle Schmuckformen und das Schaukelteil aus rotem bzw. grünem Canson zuschneiden und das Pferd damit dekorieren (s. Abb.). Die Mähne und den Schweif aus hellbraunem Tonpapier auf dem weißen Pferdekörper aufkleben.
Mit einem schwarzem Filzstift das Auge anzeichnen und das Schaukelpferd mittig auf der Karte mit nur wenigen Klebepunkten anbringen.

Birgit Utermarck, die mit ihrer Familie in der Nähe von Hannover lebt, ist ausgebildet als Berufsschullehrerin für Textilgewerbe. Seit fast zwanzig Jahren gibt sie Kurse für Textil- und Papiergestaltung. Bei Christophorus hat sie mehrere Bände zum Thema „Papierschmuck" veröffentlicht.

© 1995 Christophorus-Verlag GmbH, Freiburg im Breisgau

Alle Rechte vorbehalten - Printed in Germany

ISBN 3-419-53552-X

Jede gewerbliche Nutzung der Arbeiten und Entwürfe ist nur mit Genehmigung der Urheberin und des Verlages gestattet.
Bei Anwendung im Unterricht und in Kursen ist auf dieses Buch der Reihe Hobby & Werken hinzuweisen.

Styling und Fotos: Roland Krieg, Waldkirch
Reinzeichnungen: Birgit und Klaus Utermarck
Textredaktion:
Dr. Ute Drechsler-Dietz
Umschlaggestaltung:
Michael Wiesinger, Freiburg
Litho und Satz: Print Produktion Peter Schmidt, Umkirch
Herstellung: Konkordia Druck GmbH, Bühl (Baden) 1995